늦은 꽃,
눈에 들지 않아도

늦은 꽃,
눈에 들지 않아도

한창규 시집

| 프롤로그 |

가을 자락이 시작이었다.

 유독 뜨거웠던 여름도 시들해지고 화분마다 국화로 채워지는 가을 자락이다. 늦은 감이 있는 가을이지만 어느새 제법 찬바람이 일어 계절을 느끼게 한다.
 잠시 여유를 가지면 심어진 국화에도 꽃망울이 맺히고 노랗거나 하얗거나 보라의 꽃들이 활짝 피어나겠지 싶다.

 수많은 가을을 보내며 수없이 반복되는 일상들을 정리하고 싶은 가슴을 억누르고 살아왔던 것 같다. 너무 늦었다고, 그것은 소소한 꿈이었다고 넘기며 지나치려 했지만 깊숙한 곳에 자리한 옹알이를 막기에도 벅찬 날이 왔나 보다.

또다시 찾아온 가을 자락에 특별한 이유도 없이 심드렁해져 여기저기 흩어진 말들을 뒤적이게 되고 이리저리 꿰맞추다 보니 가슴 한자리에 화분 하나 들이게 되었다. 깨어진 것은 붙이고 찢어진 것은 꿰매고 흐트러진 것들을 다시 모아 장식을 하여 겨우 모양을 갖추게 되니 또 시들기 전에 얼른 엮어 보기로 했다.

호기롭게 때마다 피고 지며 향기를 내는 꽃이면 좋으려니 했는데, 엮고 보니 그저 그렇게 살며 느낀 날들, 그리고 30여 년을 소방관으로 살아오며 겪은 아프고 힘겹고 상처였던 것들, 또 그것들을 견뎌 담아 둔 날들을 묵직한 두근거림으로 담게 되었다.

그래도 나름 느낄 수 있는 것들이 있다면 다행이요 같은 하늘 아래에서 함께한 이들이 작게나마 공감할 수 있는 글귀들이 있었으면 하는 작은 바람으로 부끄러운 손을 내밀어 본다.

두근거리는 가슴을 담다
2024년 10월

한창규

차례

4 프롤로그

1부 ————
있는 그대로

012 우리의 별은 뜨는 것이 아니라 묻는 것이다
— 2024년 1월 31일 문경 화재 참사 회고
014 기억들
016 미련
019 화염(火焰)
— 2001년 개복동 집창촌 화재 참사 회고
022 집착
— 공사장 낙상 사고에 대한 회고
024 나
025 끝까지 소방관일까?
027 그리움
028 풀

030　이유 없는 향은 없다
032　하늘
033　망해사에서
034　내 눈에는
035　신을 뒤집다
037　드시지 못한 나머지
038　은행나무 도끼질에 대한 변명

2부 ———
보이는 그대로

042　움츠러들다
043　붉은 꽃 하나
045　비
046　하나, 둘
048　늦은 밤이 내린다
050　가려지지 않는 것들이 있다
051　꿈
052　홀로가 아니라 한다
053　내 낯이에요
054　아버지
055　또 다른 가을이 오면
057　상처
058　독백
061　그림자

063 담쟁이
066 숨바꼭질
068 덫
070 3월의 눈
071 서리

3부 ———
마음에 담다

074 닮아 좋다, 둘은
076 하늘을 봐
077 늦은 깨달음
079 하제
081 등
083 소나기
084 달, 인연, 사랑
085 그리우면
086 내 세월이 삶이더라
088 가을 첫 자락이 깨운다
089 거적이어도 좋다
091 3월이 되어서야 알았다
092 그 친구
093 살아가는 것은
094 미룬 세월은 남루해지고 있다
096 머리맡 신발

4부 ———
눈에 들지 않아도

098 늦은 꽃, 눈에 들지 않아도
099 인연
101 우리
102 꽃이 되려 말자
103 아무것도 아니라 한 날도
104 씨앗
105 흔적
106 사는 동안
107 풀꽃
110 꽃눈이 섰다
111 달은 다시 차더라
113 탓할 것인가
115 봄바람도 시린 날
117 내가 나로 사는 것이다

120 시인의 말 | 우리의 봄

1부
있는 그대로

우리의 별은 뜨는 것이 아니라 묻는 것이다
— 2024년 1월 31일 문경 화재 참사 회고

옷깃에 표장을 달았다.
"근조(謹弔)"
그것이 다였다.

눈을 감으면
그을려 찌그러진 얼굴들이
흔들리고
가슴은 먹먹하여
촛불처럼 일렁여도
한 걸음도 못 딛는다 우리는

수많은 날들을
생사의 기로에서 살았다.
내 사는 의미가 그것이라 여겼고
순간의 선택이 옳기를 바라며
뛰어들었다 우리는

그래야만 했다.

그 자리에서
다른 길은 허락되지 않았다.
한 가닥 숨을 찾아
그 선을 넘어야만 했다.
악마의 유혹일지 모르는 그 길을
헤매인다 우리는

끝을 향해 달리는 오늘이
남은 자들의 슬픔이
깊숙한 통증으로 돌아오는 오늘이
그들의 마지막이었던 오늘이
빛이 되었다.

옆을 지키던 자들은
그런 순간을 겪었던 자들은
두려움을 알면서도 선을 넘던 자들은
그 세월을 녹이던 지들은
가슴에
또 두 개의 별을 묻는다.

우리의 별은
뜨는 것이 아니라 묻는 것이다.

기억들

지낸 날들의
끄적임

꽂혔거나 던져진 책 사이
새겨진 단편들

책장에는
수북이 먼지가 앉았다.

그 앞에 멀거니
한참을 있어도
정리되는 기억은 없다.

각기 다른
기억들은
다듬지 못한
거울이 되어

앞에 설 때마다
다른 얼굴로
나를 바라보고 있다.

미련

엊저녁 벗어 놓은
검은 구두에
누렇게 내려앉은
송홧가루

주위를 둘러도
소나무라곤 보이지 않는데
나른하다 싶은 오후만 되면
거슬리게 불어오던 바람이
저 멀리서 가지고 온
잔재인가 보다.

오므린 손 가득 모아
한입에 털어 넣다 깔깔대고
지치면 벌렁 드러누웠던
그 자리에도
코를 간질이던 송화는
내려앉아 있었다.

갈퀴로 박박 긁어야 했다.
어머니는
바람이 세찬 날 아침이면
어김없이 뒷동산에 올랐다.

스스로 버린
뾰족하고 가늘어
쓸모없어 보이던 솔잎들은
밥이 되고
국이 되고
숭늉이 되었다.

신작로가 나고
높다란 건물들이 서고
널찍한 편리함이 북적이는
곳곳에도
버리지 못하는
미련이 남았다.

저만 아는 때에
이곳까지 날아든
미련은

내 검은 구두에
내려앉았다.

화염(火焰)

— 2001년 개복동 집창촌 화재 참사 회고

분리수거하지 않은
쓰레기 더미에
투명 비닐 둘둘 말린
젖먹이 뒹군다.

얼기설기 세운
숨쉬기도 거북한 삭신으로
개미 떼 만찬에 팔려 온
배추흰나비

낙화 된 꽃잎 물들어
화분(花粉) 님긴 재
누운 날갯짓 퍼덕임
가냘프다.

향기 취한 새벽
다문 입술 채워
애비 수협 달력 갈겨 잠든

뜨거웠던 정오
창세기 뚫고 탈출한
화염(火焰) 분출했다
찌그린 화장품 병
흩트리고
15인치 아날로그 TV 화면 꽉 채운
쓰레기 더미 뒤적여
어미젖 찾다 악다문
입술 시든 옹알이 찾았다.

부검의는
핏빛도 가시지 않은
목구멍 후벼
해 기운 육교 위
발 빠른 행정부 플래카드
욱여넣는다.

짓눌린 2월 어느 날 새벽
태반 벗은 허연 몸뚱이
염습(殮襲)은
분리수거 되지 못한
쓰레기더미 사이
화염 없는 연기

애비는 오늘도
검붉은 지폐 덩이 메마름 사려
모월 모일
설은 두엄자리
딴전 탓하기는
매한가지다.

집착
— 공사장 낙상 사고에 대한 회고

실직
그리고
딸년의 서러운 잉태는
유학(留學)의 그늘로
담벼락마다 수액 새겼다.

무적국민(無籍國民) 선고에
'쇼생크 탈출' 운운하던
너스레 빛바랜 하회(河回)는
현장소장 욕지거리 더듬던
민달팽이의 잔재였다.

뒷주머니에 구겨 넣은
'무기한 휴무' 벽보 헤집고 쿵쿵대다
철제 거푸집 낙상시킨 김 씨의 헐떡임 들이밀어
공생의 벼랑으로
허연 분칠 벗어낸 채 멀겋다.
시트 쥐어짜고

털어 널던 가지마다
퍼런 비늘 날리고
비닐봉지 담긴 호흡
들락거리다 멎었다.

그을린 4차로
플라스틱 칸막이 너머
그의 여정엔
제비는 없다.

나

또 해가 떠오르고
또 중천을 가르고 지나
또 서산으로 지는
당연한 일상에서도

찾으려 하지도
찾지도 못하는
나만 있을 뿐

같음 그리고 반복은 없다.

끝까지 소방관일까?

출근하자마자
출동 방송이 울린다.

일상이 되어 버려
내가 출동해야 하는 건이 아니면 각인되지 않아
손님을 끌기 위한 거리의 음악을 들은 양 흘린다.

다른 이가 마주하면
금방 표정이 굳고
생각이 많아질 사건들도
오늘의 시작을 알리는
알람처럼 치부하고 잊게 되었다.

이곳을 벗어나도 이렇게 살게 될까?
내가 필요한 것만 취하는
감각적인 익숙함이 두렵다.

그 익숙함을 잊으려
가끔은 멍하니 앉게 된다.

걱정과 두려움을 버리는 시간들.

나는 오늘 아침도
멍하니 시작한다.
너무 길지 않으면
그것으로 족하다.

그리움

스스로 다독여
깊숙이도 묻었더니

기어이 틔운

가끔씩 이는 바람에
울컥이며

아무도 몰래
돋아 핀

노오란 꽃 하나

남은
홀씨 하나.

풀

너른 벌 사이마다
날들을 보낸 흔적이 섰다.
어느새 연록을 입었다.
그사이 좁다란 두렁마다
온 몸을 드러낸 채
나뒹구는 것들이 있다.

혼신을 다해 틔웠지만
누군가에게는 없어져야 할 것들
뽑히어 버려진 것들

곁에 없어도
들고나는 숨소리가 들리던 것들
고개를 가로저어도
다시 돋는 기억들
바라만 보고 있는데
가슴이 뛰던 것들

오랜 연처럼

어색하지 않았던 것들
두려움이 앞서다가도
미소가 먼저였던 것들

날들은 가고
애틋한 그리움도
좁다란 두렁에
나뒹굴고 있다.

아른거린다
답답하던 가슴이 저린다.

이유 없는 향은 없다

뒤돌아서도 미소가 흘렀다.
홀로 퍼덕인
먼발치 두근거림
어쩌다 마주치는 날이면
헤어나지 못한 채 뒤척였다.

흐르는 구름이었다.
오래전 창고에 갇혀 묵은 것들
끄집어내어도 쓸모없는
그 자리가 가장 잘 어울리는 것들

하늘을 보면
누런빛이 돌았다.
스치는 바람도 서러웠다.
얼굴 한쪽이 찌그러진다.
드러내지 않으려니 뒤틀린다.

바람이 분다.
습이 꽉 차

숨이 멎을 듯한 바람
곧 퍼부을 것 같은
예측하기 힘든 두려움.

동네 어귀 하얀 담장에
축축한 이끼가 서니
아직도 설레임인가 하여

스스로
삶의 단편이라 치부하기에는
너무 멀어 편하지 않다.

하늘

낯설다
먼지 두툼한 책 한 권 집어 든 듯

하얗다
집어 든 책장 사이
후두둑 떨어지는 단풍잎 본 듯

망해사에서

바다를 바라보고 섰다는 '망해사(望海寺)'의
강과 바다와 하늘 사이에는
경계가 없다.

발갛게 상기되어
서서히 구름까지 물들이는
그해 가을의 처음쯤
이 자리에 피었던 그 꽃의
강과 바다와 하늘은

어디서 비롯되었는지
어디에 서 있는지
어디로 가야 하는지
궁금해 하지 않았다.

나는 지금이
이 가을의 처음이라 하는데
다시 그 자리에 핀
그 꽃은
흑백이었다.

내 눈에는

창이 있다
가장자리가
푸르거나
붉거나
흰

그것의 끝자락은
언제나
가슴을 먹먹하게 한다.

보이는 그것이
무엇이든
다가올 그것이
무엇이든

내 눈으로 드는
그 창으로의 하늘은
그대로다.

신을 뒤집다

채비 없는 여행을
서슴없이 기대선 날
부지런 떠는 기집들이
안락을 뒤졌다.

눈 비벼 켠
유부녀의 기습이 있는
교회 기도실보다
헝클어진 원두막이나
시멘트의 퀴퀴한 내음
콧속을 후비는
콘크리트 계단 밑이 편안하다.

앞장서 날 깨운 기집은
초저녁 같은 새벽어둠을
제 유방 할퀴듯 하였다.

읊조리듯
해를 퍼 담은 처방전을 새기고

초저녁이 되어서야
사타구니 땀내를 가늠하며
지새운 밤하늘을 탓하였다.

나의 신당은 신성하다.
별을 그리며
가득 찬 어둠을 집어삼키던
기집의 뒤통수를 후려갈기고
알몸에
시원스레 기록된 핏자국으로
흐물흐물 지려오는
추위를 고자질하였다.

폭정을 일삼는 무왕을
나의 신은 기고만장 내쫓았다.

신당에 쓰러진 딸년을
무심하게 주워 담고
또다시
채비 없는 길을 나선다.

드시지 못한 나머지

아무도 모르게
홀로 가셨다.

미명에
전화벨 소리만 남기시고
때가 되었다 하셨다.

고통을 숨기던 호흡
힘에 겨운 미소
마른 뺨을 적시던 눈물

안쓰러운 눈빛을
마나하녀
'어여 가라' 하던
느릿한 손짓

끝내
드시지 못한
나머지

은행나무 도끼질에 대한 변명

 문득 나를 향해 낄낄대는 은행나무 정수리 박혔다. 차라리 보리밥나무 은비늘 떫은맛이 낫지 열매라야 기껏 굵은 콩 암내 풍기듯 구린내 고약한 녀석 뭐가 그리 대단하다고.

 읽다 만 소설 책갈피 하려 이파리 몇 장 떼니 '제 살점 떨어져 난다' 얼굴 노래져 설레발치는 꼴이란 어차피 겨울나려면 다 벗어 낼 순리조차 모르는 소치(騷致) 분명한데 옷매무새 기품 말할 것 없고 정조 또한 원앙 못지않다 하여 주인 할배 귀하다 하니 옆집 등 굽은 할매네 담 넘어 양팔 쫙 벌리고 자랑스레 거만하여 외려 자신의 귀함 모르는 무식자라 동네방네 수다요 겨우 한 평 반 차지한 내 몰골 초라해 눈꼴사납다.

 머리끝까지 화(火) 솟으나 순간 치뜬 눈 스멀스멀 안집 낌새 살핌은 엊그제 홍얼홍얼 뒷골목 돌다 무시(無視)의 눈빛에 무딘 도낏자루 쳐들고 설치다 주인 할배 날 선 손에 뒷덜미 가격(加擊) 당한 그늘 벗어나기란 쉽지 않다.

 도심 복판에서도 볏단 헤집던 습성이며 제 몸 색조차 바꾸지 못한 참새의 날램도 없이 살아가려면 더듬이만 쑥 빼고 조심조심 벼랑 타는 달팽이 마냥 공중파 안테나라도 세워야 하니

할배는 낮부터 거나하더니 초저녁부터 잠꼬대 맞잡고 이 갈이 여념 없고 마침 제 녀석도 희멀건 밤공기 취해 지그시 눈 감은 습기 많은 오늘 거사(擧事)로는 제격이다.

걸맞은 도끼 침 퉤퉤 뱉어 옹글게 잡고 게걸음으로 다가서 집히는 대로 두어 번 내리찍고 여름 한낮 소나기 쏟듯 금방이라도 뒤집힌 세상이려니 쓴웃음 지었더니 웬걸 하얀 핏빛 송골송골 맺히다 말아 녀석 성질만 건드렸으니 냅다 도망하거나 그 자리 무릎 꿇어 빈다 한들 좁은 소견에 바랄 것이 없으니 변명거리 찾아 하늘만 탓하다 두 눈 안쪽으로 몰고 침 질질 흘리고 흐물흐물 뒷걸음질 치다 돌부리 걸린 양 나뒹굴며 헤 웃는다.

2부
보이는 그대로

움츠러들다

늦은 저녁을 먹고 너무 배가 불러
소화나 시킬 겸 바람 쐬러 나섰다.
위층 어디선가 "여보! 나 못 가~"라는 소리에
힐끗 올려다보고 걷는데 또 같은 소리가 반복되었다.
주변을 살피니 나 밖에 아무도 없다.
설마 하는 사이
뻘쭘하여 못 들은 채 하는 날 향해
앙칼진 목소리로 "아이, 짜증나!" 하더니
창문이 매몰차게 닫히는 소리!
위층의 상황을 짐작할 수 있을 뿐
아무 잘못도 없는 난
순간 그녀의 여보가 되어 가슴 졸인다.

집을 나설 때
우리 여보는
'나가기 귀찮다'며 잘 다녀오라 했는데….

붉은 꽃 하나

단단했던 하루가 간다.
마음이 머물면
꽃이 피어날 줄 알았다.

잿빛 구름이 머물면
비바람이 몰아칠 것을
버리지 못한 것들은
그 비바람에 쉽게 사그라질 것을

눈을 감으면
주변 모든 것들이 잠들 것 같아
감았다 떴다를 반복했더니
반은 누웠고 반은 잃은 듯
쪽창으로도 선명하더니
너른 창으로는 희미하다.

함께한 기억이
두 눈에 낱알로 남아
후두둑

손등에 떨궈
붉은 꽃 하나 틔웠다.

비

하늘을 떠다니던 뿌리가
이 땅들을 흠씬 적신다.

틈만 보던 두근거림은
하필이면
편안이 밀려오는 이 시간에
어김없이 쏟아진다.

지나치기를 바랄 뿐
막을 능력도 이유도 없다.

어제처럼 다독였다.
내일도 다독여야만 한다.

안다고 다 되는 것은 아니지만
시간이 떠나면
'비는 멈추셨시' 하며
눈을 감는다.

지나칠 수는 있다.

하나, 둘

논 하나가 비었다.

다시 고개를 드니
빈 곳이
하나, 둘이 아니다.

오다가다
저절로 보였을
지척인데
생각이 닿지 못했나 보다.

하나, 둘
채워질 때마다
이유 없이 뿌듯해 하더니

비가 내리든 말든
바람이 불든 말든
제 발 딛느라
눈길 한번 없더니

하나, 둘
늘어가는
빈자리는 되짚는다.

날이 들어
심고 거두는 마음
아랑곳하지 않고

보고 싶은 것만
바라는 날들이
하나, 둘
늘어만 간다.

늦은 밤이 내린다

눈이 내린다.
엊그제 쌓인 그 자리에
또 내린다.

머리에도
얼굴에도
몸뚱이에도
닿았다 사그라진다.

사그라들다 사그라들다
그대로 내려앉는다.

가야 할 방향으로
발을 내디뎠는데도
중심이 무너진다.

일어나야 되는데
이대로도 오히려 편안하다.

흘려보낸
말들과 이야기들
홀로 떠올려
선을 긋던 시각들이
소리도 없이
또 내린다.

더 먼 기억들
할퀴어지고
지금은
흉으로 남은 세월까지는
내리지 않았음 좋겠다.

가려지지 않는 것들이 있다

사는 날들이
살아가는 날들이
덮는다.
가린다.

잊고 사는 것
잊어야 하는 것과는 다른
소리 없이 솟다 차면
또 머무르는 것

지난날들이 아쉬워
빨라진 날들이 두려워
가리고 산다.

지금도
나는

꿈

내 것이라 여겼다.
누르고 감춰 두었다 했다.
돌아볼 여유가 없을 뿐이라 했다.

언제든 내 것이고
언젠가 쓸 수 있다고
굳이 지금은 아니라고
어루만지고 쓰다듬기만 했다.

때가 다 지나
단지에 묻어두었다 할까.

너무 늦지 않은 꽃이어야
열매가 된다.

홀로가 아니라 한다

왜, 혼자냐? 했더니만
둘이란다.

둘은
혼란하지 않고
외롭지도 않아 좋았다 한다.

때를 만나
둘이 되고
때를 거스르지 않아
하나가 되었지만
함께했던 기억을
벗 삼을 수 있어 좋다 한다.

홀로 지내는 것
하나로 살아가는 것
아직도 함께라는 것.

내 탓이에요

흔든다고
흔들리는 것이 아니다.
그저 흐느적거리고 싶을 때
그러는 것일 뿐.

머무르고
가고
멈추는 시간들은
다 하나요
내 안에 가두는 것이니
거기에 이는 소용돌이를
탓할 이유는 없다.
바람도 없는
오늘도
나는 흔들리고 있다.

아버지

남은 힘을 다해 침대 난간을 꼭 붙잡으면서도
겨우 들락이는 걸쭉한 호흡을 하면서도
얼굴에 평안을 유지하려 애쓰시는 모습이
애달팠습니다.

'나이 들고 병까지 얻었으니 삶이 의미 없다' 하십니다.
'아프고 힘이 없으니 자식 고생시키는 짐이다' 하십니다.

하지만,
계시다는 것만으로도 의지가 되었습니다.
실패에 의기소침한 제게
'때가 되지 않았을 뿐'이라 하시니
평생의 가장 큰 가르침이었습니다.
바라만 보아도 풍족하여 뿌듯했습니다.

표정 없이 바라봐 주셔도 마냥 좋았던 아버지!
하늘을 향해 쭉 뻗은 웅장한 소나무가 좋다시던 아버지!

꿈에라도 보고 싶은 아버지!

또 다른 가을이 오면

엊그제 만났다가 헤어진 마냥
그리워지네요.

벅차지 않은 산에
함께 오르고 싶었습니다.
오르다 쉬는 동안
눈길 마주하며
미소로 화답하고 싶었습니다.
정상에 오르면
뜨거웠던 그 여름내
그을린 바위에 걸터
먼발치 풍경을
다독이고 싶었습니다.

이 가을이
신선한 까닭은
뜨겁고 축축했던
여름날이 있었기 때문이겠지요.

나뒹굴다
둔치에 몰려
스러지는 낙엽 또한
이 계절 곁에 선 님의 모습이겠지요.

하지만 우린
또 다른 계절의
문턱을 서성이게 되고

또 다른
가을을 맞이하게 되면
함께였던 가을날을 더듬겠지요.

상처

시든 꽃들을
추하다 하면

무거워 내려놓고
가벼워 흩날리는
그들의 존재를
가치 없다 하면

지나온 날들을
더듬는 기억들이
의미 없다 하면

아문 상처도
다시 돋는다.

독백

후두둑
비가 내린다.

지나는 이들은
서둘러 우산을 편다
종종거리며
피할 곳을 찾아 머문다.

저들은
왜 막고 피할까.

엊그제 내리고
또 내리니
지금은 넉넉해도
뜻이 거슬려
목타는 세월이 오면
어찌 견디려나.

그러고 보니 저들은

해도
달도
별도
바람도 마다하며
머물지 못한다.

뛰다시피 옮겨 다닌다.
왔다가 가고
가다가 오기도 하며
같은 길을
맴도느라 바쁘다.

불면 부는 대로
비치면 비추는 대로
때에 따라
버티고 기다리면
틔우고 단단해져
결국 피워내는 것을

왜, 마다하는지
왜, 스스로 분주하여
돌고 돌기만 하는지
모를 일이다.

흔들리는 것이
두려운 것일까
기다리는 것이
힘겨웠으려나.

안쓰러워
안아 주고
다독여 주고 싶은데

눈길도 주지 않고
곁을 내어 주지 않으니
그저 안타까울 뿐.

그림자

삐걱거리는
부엌문 밖으로
꼬리가 돋는 것을 보니
오늘도 닫히고 있나 보다.

사각사각
다가오더니
솜사탕처럼 달라붙어
부풀어 오른다.
가둔다.

눅눅함을 녹이려
입 벌린 봄을
태운 날에도
뒤꿈치로는
허옇게
그림자가 섰었다.

엮으면

거기서부터
그림자는
지겹도록 맴돌고

창을 열면
거기서부터
그림자가 서는 것이다.

돌이킬 수 있는 것은
환상뿐

별도
달도 없는 날에는
그림자도 없다.

담쟁이

여름 내내
누군가의 벽을
악착같이 기어오르고 있었다.

흐릿하여
보일 듯 말 듯한 반투명 벽을
꽁꽁 휘감고
본래의 색도 모양도
감추어 버렸다.

가을 한 자락에는
하나,
둘
붉은 버짐이 피더니
지나는 바람을 붙잡고
본래 그랬다는 듯
온통 빨갛다.

갇힌 것이다.

계절들을
몇 번씩은 지나쳤으니
아련한 기억은
귓등으로 넘어갔다 했는데

하필이면
척박한 구석에 자리를 틀고
도마뱀 발을 닮은
굵은 손으로
악착같이 붙어

수분 하나 없는 담벼락을
기어오르고
또 기어올랐다.

잡은 벽을
박박 긁은 날들을
문신처럼 새긴 채
내 등을 부둥켜안은
굵은 손을
나도 닮아가고 있었나 보다.

무겁도록 그립다.

메마른 벽을
또 기어오르는 것은
악착같아서만은 아닌 것이다.

숨바꼭질

숨어라.
하나,
둘,
셋,
넷,
열 셀 때까지
뒷동산 나무 뒤든
더 깊은 숲속에라도.

머리카락도
옷자락도
꽁꽁 묶어
하나도 보이지 마라.

넌 숨죽여 숨어라.
난 쉼 없이 찾으련다
찾다 찾다 못 찾으면
'못 찾겠다 꾀꼬리'를 외치려니

못 찾을까 두려워 마라.
혼자 남겨질까 애타지 마라.
해가 뒷동산을 넘고
마을이 어둑해지면
허기진 배를 채우러
각자의 집으로 돌아갈 테니

술래가 되어
애써 찾는 것도
들키지 않으려
더 깊숙이 숨는 것도
곤한 꿈처럼
흩어지리니

눈부신
아침볕은
또다시
너의 창을
두드릴 테니.

덫

덫이었다.
내 것이라 여기던 것들이
내가 바라던 것들이

꽃을 피우고
열매를 다는
기쁨을 맞으려는가.
그를 위한 몸부림이 부러웠는가.

잊고 살았다.
뿌리를 내린 순간에
나는 이미 서 있었다는 것을
꽃을 피우고 있을 때
심한 몸살을 앓고 있었음을
열매를 맺을 때마다
속이 점점 비어가고 있었음을

삶의 덫은

스스로 치고
스스로 얽어매는 것이었다.

3월의 눈

너무나
곱디고와
내 마음
흩어 놓더니

아쉽단 말도 없이
떠나가 놓고

샛바람에 샘났나?

새하얀 그리움
가슴 시리네.

서리

저 황량한 벌판에

누군가의
날 선
가슴들이
흩뿌려졌다.

어찌
영원을
노래할까마는

아침을 견디지 못하고 사그라들고 있다.

3부
마음에 담다

닮아 좋다, 둘은

두 그루의 나무는
닮아 있었다.

언제부터였을까
나란히 뿌리를 내리고
비슷한 모양으로
같은 곳을 바라보고 있는

그 둘은
눈에 띄었다.

어디에서 왔는지 따질 이유는 없다.
홀로였다면 외로웠을 것이라 확신할 필요도 없다.
시간이 더 지나면
더 멋지게 자라고
향을 품을 것이라는 기대는 의미 없다.

있는 그대로
보이는 그대로

마음으로 담으면 족하니

그들 또한
결코 서두르지 않으리라.
그 자리에서
지금의 그 모습으로
존재하며
기쁨을 만끽하고 있으니

찾는 이들의
은은한 만족을 딛고
멀리서 바라보는 이들의
부드러운 환상에 서서
바람 이는 대로
몸을 맡기는

그 둘은
아름답게
닮아 좋다.

하늘을 봐

하늘을 봐
고개를 들어 봐.

들에서든
산에서든
있는 그 자리가 어디든

화창해도
흐려도
고개만 들면
아무 말 없이
널 보고 있어.

생각할 필요 없어.
그저 바라만 봐.

그럼 보여, 하늘이.

늦은 깨달음

엊그제 한 망태 골랐는데
오늘도 한가득이다.

파고 뒤집을 때마다
반은 돌이니
고르다 말게 할 작정인가 싶다.
그대로 두고
심어야지 했는데
오늘도 호미를 챙긴다.

쉼 없이
파고 뒤집고
골라내도
때마다
한 망태씩 쌓이는 돌맹이들
옥토의 꿈은
놓은지 오래다 히먼시
오늘도 헤집고 있다.

무른 것은
깨어 섞고
단단한 것들은
경계로 쌓고
옮기기 힘겨운 것들은
쉼터로 두면 될 것을

있는 그대로
제 모양대로 쓰일 것을
다 늦어서야 깨닫는다.

하제

어선들은 늘어선 채
뭍에 닻을 내렸다.
들락거리는 물길 따라
시끌벅적하던 포구도 멈췄다.

난산(卵山) 너머
해가 누울 때면
금수(錦繡) 친 비단 치맛자락
파고드는 양
조각배 하나, 둘
들어섰다.

채워지고 비워지던 터전에서
긁혀 올려진 노랑조개들을
어미는 손끝 절도록 끼고 밀뤘나.

버려진 것들은
하얀 동산이 되고
바쁘거나 흐트러진 발길들에

자그락거렸다.
평야의 끝자락에서
바닷길을 열던 갯바람은 그대로인데
풍상에 바래가던 껍질들은
새로 건조된 조형물 앞에 멀쭣다.

오락가락 봄비가 내린다.
앞자락에는
올망졸망
섬들이 내려앉는다.

* 난산(卵山) : 지금은 새만금개발에 사라진 군산의 작은 포구인 하제(지명) 바닷가에 있는 바위산이 알을 닮았다 하여 하제 사람들은 자신들의 터전을 난산(卵山)마을이라 하였다.

등

손을 뻗어도
쉽게 닿을 수 없는

도구를 이용해
겨우 다다른다 해도
만족할 만한 수준에
이르지 못하는

하물며 한 번도
제대로 본 적도 없고
거울로 비추어도
굴곡을 지울 수 없어
제대로 볼 수도 없는

나의 등.

무시하거나
벽을 세워도
변하지 않는

하루
한 달
한 해의
수 없는 반복
쌓아 온 이력들

어둠이 들고
굴곡이 졌어도
살아오고 갈

나의 시간 그리고 공간.

소나기

갑자기 바람이 분다.
몇십 년을 한 자리를 지킨 한 아름 나무들도 휘청인다.
검어진 하늘이 눈에 비친 모든 것들을 누르더니 비도 쏟는다.
맨땅에서 양철 지붕 때리는 소리가 난다.

창에서 눈을 뗐다.
가진 기억으로도 충분하다.
갑작스러운 것들은
작은 흔적으로 남을 뿐.
지나면 또다시
때를 기다리는 미물일 뿐.

달, 인연, 사랑

차고 사그라졌다.
다시 차오르는 이치를 믿어
나는 오늘
엊그제 가득했던 달을
굳이 찾으려 하지 않는다.

인연은
자라고 익어
가을을 낳고

기다림은
간절하여
깊은 사랑을 낳으리니.

그리우면

달이 차면
잊어지겠지 하던 기억들

맑은 하늘에도
감은 눈 속에서도
자라고 고일 뿐
삭지 않아

가슴에 담아두고
꺼내고 매만지고
도닥댄다.

하루가 또 지난
오늘도.

내 세월이 삶이더라

스스로
만족하지 못하던 나를
흔들리지 않고 바라볼 수 있는 시간은
멀더라.

다른 길을
찾지 못하거나
용기가 없어
앉은 자리에서
견디고 버티거나
자발맞다 싶을 정도로
새로운 것들을
찾아 헤매다
지쳐
안주하거나

난 나이고
그 결과는
옳다 그르다 못 하겠더라.

이것이 세월이더라.
그것이 삶이더라.

가을 첫 자락이 깨운다

바람이 세차다
간간이 떨구던 낙엽은
미처 물들지 않은 채로
벗는다.

이 바람에
보고
들은
묵은 껍데기도

버티다 차락대는
무거운 비늘도

날려 보낼 수 있으면 좋겠다.

지금이 가을의 첫 자락이어서
나는 새로워지고 있다.

거적이어도 좋다

동구 밖 다리 밑 그이의
바람을 막아내고
추위를 녹이고
외로움을 달래고
무서움을 이겨내는
친구이고자 한다.

냄새나지만
감히 버려질 수 없는 거적이라면
무시의 그늘에서도
깟깟하게 버텨
행복해질 수 있으리라.

진종일 주리다
맥없이 돌리어진 발길이라도
힘 잃어 졸졸대는
시궁창에 위안 삼고
심장의 뜀박질도 자랑스레 여겨주는
알량한 아량에도

감탄의 미소 보낼 수 있으리라.

오늘도 나는
시멘트의 한기(寒氣)에 누워
거적 하나 뒤집어쓴다.

3월이 되어서야 알았다

3월의 바람은
잔가지에 살더라.

꽤 긴 시간 숨죽였던
그 가지의 속은
단단해져 있었다.

나만 몰랐던 시간들이 흘러
3월이 되고

바람은
제 자리를 찾아
그 가지에
살고 있었다.

망울을 터뜨리고
꽃이 피고 있었다.

그 친구

눈에 들어도
무심하게 지나칠
들리되
귀가 서지 않을 것들
굳이 표현하자면
시시콜콜한 것들에
박장대소해주던

그 친구.

켜켜이 쌓이는 날들
사이로
문득문득
곁을 함께하는 듯

그리움이
단단해지지 않는

그 친구.

살아가는 것은

부딪히고
넘어지고
엎어지며
걷고 또 걸어
가고자 하는 곳을 향하는 것일 뿐.

가고 싶은 곳이 같다고
같은 길을 걸어야 하는 것은 아니다.
가고 싶은 곳이 다르다고
다른 길을 걸어야 하는 것도 아니다.

미룬 세월은 남루해지고 있다

어디서 왔는지
어디로 갈 건지
묻지도
답하지도 않는다.

여느 때와
다를 것 없는 봄이 오고
축축한 바람이 부는 날이면
보고 싶었다.

낯선 마을에 닿아
어색한 눈인사가
쌓이던 날이면
또 보고 싶었다.

깊은 곳에서
우러나오는 기억은
막을 수 없었고
그때마다

보고 싶었다.

비바람이 치던 어느 날
남은 꽃잎 하나마저 날리고 나서야
특별할 것 없었던
지난날들도
너와 함께여서
향기로웠다는 것을 알게 되었다.

잊지 않으면
함께라 여기던
그래서
바람이 잠잠하게 느껴지는 날들이 쌓이고
미룬 세월은 남루해지고 있었다.

너는 조용히 날 불렀고
니는 지금
너무 늦어서야 너에게로 가고 있다

머리맡 신발

땅 한 번 딛지 않은
새것의 포만.

잠들 때까지
머금은
설. 레. 임.

눈도
뜨기 전
뒤적여 매만졌던
행복.

시퍼렇게
새벽을 연
아버지의 어깻죽지.

4부
눈에 들지 않아도

늦은 꽃, 눈에 들지 않아도

기다린 만큼은
간직되려니 했는데
창밖은
의외로 춥고
걸음은 더뎠다.

화려한 깃에 가려
힘겹게

하나,
둘
작은 몸짓으로 떨고 있는

하나,
둘
분리되는 순간의
아련함도 없이 말라가고 있는

늦은 꽃에도
향이 오르고 있었다.

인연

아침을
맞이하다가도
하루를
마무리하면서도
떠오르는 이가 있어 좋다.

곁을 지나는
바람이러니 했다.
가슴에 두면
힘겨울 정이니
지우려 했다.

눈에 밟혔다
자꾸 핑계를 세웠다.
하루가 지나면
미련이 앉고
날이 밝으면
두려움이 섰다.

서둘러 잊을 것도 없으니
사느라 잊은 것들
가슴에 묻은 것들을
돌아보면 좋으려니 했는데

이제
너무 늦었다 할 즈음

봄
여름
가을
겨울로
돌고 돌아
그윽한 향이 되어
나에게 안겼다.

아침을
맞이하다가도
하루를
마무리하면서도
떠오르는 이가 있어 좋다.

우리

같은 시간
같은 공간에

같은 눈빛
같은 느낌으로

함께하는

꽃이 되려 말자

굳이
꽃이 되려 하지 않는다면

여유는 스스로 만들고
편안함은 자연스레 오는 것을
믿는다면

사방 뾰족한 돌들도
서로 부둥켜안으면
무엇인가를 감싸는 담장이 되는 이치를 알았더면

그대가 선
그 자리
그 시각들이
가장 소중해지는 것.

아무것도 아니라 한 날도

굳이
새로울 필요가 없는 날들도 있다.

그런 날도
하루다.

그렇게 지나가는 날에도
우리는
살아가는 것이다.

씨앗

작고 여린 것이
눈에 드는 것은
애틋해서도 아니요.
측은해서도 아니요.
작고 여린
본래 그 모양대로
채우고 또 채워
세월의 깊이를
스스로 들어낼 줄 알기 때문이지요.

흔적

걷다가
걷다가 지치면
뒤돌아보지 말자
험하고 힘겨웠던 기억이 더 애틋할 뿐이니.

가다가
가다가 따스한 바람이 스치면
멈추어 쉬어 가자
지나온 날들이
꽃이 되고 향기로워지리니.

지나온 길들을 뒤돌아보던지
가야 할 날들을 쉬어 가던지
그 흔적은 내 것이요
쌓인 흔적을 좇는 것이니

흔들린다 하여
내 것이 아니다 말고
또 걷고
또 가 보자.

사는 동안

아프다고
상처가 났다고
흉터가 남았다고
다 소리 내어 울었는가

지나온 날들이
다 아픈 것도
아프다고
다 상처가 난 것도
상처가 났다고
다 흉터로 남은 것도 아니었다

아픔도
상처도
흉터도

스스로 살갗에 각인시킨 것일 뿐

풀꽃

생각 없이 발을 딛다
흠칫 놀랐어요
당신은
꽃이었네요

언제 피어났는지
묻지 못할 만큼 작아요
너무 작아
쪼그리고 앉아야
겨우 보이네요

많은 날 애써
망울을 지었을 텐데
미리 보았다 하여도
꽃이 되리라고는
생각지도 못했겠어요

언제부터
여기에 자리했나요

구석진데
바람도 햇볕도
겨우 닿을 듯한데
여기저기 눌리고
뜯긴 상처가 너무 많은데
기어이
피어났네요

아무도 보아주지 않으니
외롭지는 않았나요
눈에 들지 못한다
슬프지는 않았나요
지나치는 이들이라도
불러 보지 그랬어요

어쩌다 마주하면
이름도 몰라
풀꽃이라 했는데
곁에 두고도
잊고 살았는데

꽃잎은
뽀얗게 빛이 나네요

나부낄 때마다
하늘에 닿고 있어요

때가 되면
기억의 씨로 내리는
당신은
하늘이었네요

꽃눈이 섰다

행여 놀랄까
숨죽여
바라보고 있으면

곧 터질 듯
견딜 수 없는
희열이 있다

활짝 필 날을
가두고 있더냐

누가 눈이라 했던가

잊었던 꿈을
깨우고 있다

달은 다시 차더라

오늘같이
하얀 밤이 오면
꿈인가 했던 날들만
챙기려 해도
잊어야 할 것도
따라나서더라

움푹 질푹 하루여도
달빛은 빛나고
꿈인가 싶은 날도
안개가 자욱하더라

다 찼나 싶을 즈음
스스로 견디지 않아도
지난 기억일 뿐

오늘도
가고 있으니
굳이

가득했던 달을
찾으려 하지 말아야겠다

인연은
스스로 만들고
기다림은
간절해야 되는 것

참고 걷는 날들이
길이 되고
부딪히며 흐르다 보면
다 하나이더라

탓할 것인가

그들이 왜 왔는지
묻고 싶은가

살랑이는
작은 바람에
몸을 맡기고
순식간에 흩어져
시야를 벗는
그들의 여정을
생각해 보았는가

그들은
밟히고
꺾이고 뜯겨
너덜거려도
기어이
또 다른 생명을
잉태하고 있는 것이다

얼굴이
하얗게 질리고
둥글게 몸을 말아
버티거니 했더니
작은 바람 한 줌을
기다리고 있었던 것이다

너는 왜
가끔 이는 바람에도
흔들거리며
오늘도
태풍만을 기다리고 있는가

그들이
어디로 가고
언제
어디에서
다시 올는지
굳이 묻고 싶은 것인가

봄바람도 시린 날

오늘 하루도
스스로 딛고
설 것은 아닌가 하여
묻어두지 말자

이제
지나치면 그만이지 하면서도
눈 뜨자마자
틈을 비집어
흔적을 찾고 있는 것이다

애틋한 날들이
애써 감추어둔 기억이
가냘퍼지지 않으니
아직도
가슴이 아린 것이다

굳이
잊으려 말자

지나갔으니 되었다 말자
가슴에
불을 담고
견뎌 낸 날들이었다

그리우면
그리운 대로
사는 것이 버거워지면

봄바람도 시린 날이 왔다 하면 그만이니

내가 나로 사는 것이다

봄
여름
가을
겨울도
흐름의 반복일 뿐

눈에 보이는
어느 것 하나
작은 움직임도 없다

시간도
공간도
박제되었다

나의
시가에
내가
선 자리에서

바라는 대로
공연되고
생각의 테두리 안에서
이루어지는
그것이 곧 이치다

내가 없으면
세상 어느 것도
그대로다

내가
나로 살아가는 것은
그런 것이다

삶의 중심은
오직 하나다

| 시인의 말 |

우리의 봄

 창밖을 통해 따스함이 전해지네요. 이런 날에는 무작정 떠나고 싶은 맘이 절로 나지요. 아무 연고 없는 곳이라도 나를 반겨 줄 듯한 여유가 생겨남은 당연한 이치지요. 곁에 누굴 두지 않아도 결코 외롭지 않을 이 시절을 못 느낀다면 두고두고 눈에 밟힐 듯하여 아무런 준비 없이 나서게 되네요. 그리 멀리 갈 필요도 없었지요. 발길 닿는 곳 어디서나 싱그러운 봄의 향이 생긋 웃어주고 걷다가 서는 곳 여기저기 움튼 이름 모를 새순들은 샛바람에 분 바르고 새들과 재잘거리느라 여념이 없네요.

 봄기운에 묻혀 확 트인 벌판 여기저기 누비다 오른 언덕에서 이제껏 볼품없던 진달래 가지마다 질서정연한 꽃눈을 발견하고는 그 신비로움에 주저앉았어요. 여름이 지나고 가을이 사그라지며 영원히 묻힐 것 같은 눈 덮인 그 겨울의 매서움 속에서 놀랍게도 제 어미 같은 대지 그 생명의 품에서 올곧게 새로운 세상을 바라며 꿈틀대고 있었던 것이지요. 얼마 지나지 않아 움츠린 망울마다 환한 미소를 보내겠지요. 굳이 누군가 아름답다 말해 주지 않아도 스스로 만개의 기쁨을 누리겠지요. 서로가 자신을 뽐내며 하늘하늘 다가서는 나비와의 입맞춤에 흥분하겠지요. 슬쩍 지나치는 바람결에도 태연히 살랑거려 보며 얼굴에 홍조를 띠겠지요. 정녕 눈 비벼 또 보아도 너무나 아름다워 떨리는 순간이 아닌지요? 아무런 생각 없이 바라만 보아도 행복이 가슴 가득 다가오지 않나요?

봄은 참으로 위대합니다. 봄은 우리들의 가슴을 두근거리게 합니다. 새로운 세상에 희망의 싹을 틔워 새 생명을 탄생시키며 만물에 겨우내 움츠린 몸뚱이 기지개 펴 노래하고 덩실덩실 춤추라 합니다. 하얗게, 노랗게, 붉게 형형색색 물들이고 온갖 정열 불태워 겨울날의 그리움을 사랑으로 승화시키지요. 가장 아름다운 축복이라 말하지 아니하여도 지금 우리 앞에 펼쳐진 만물은 스스로 생동하며 우리에게 행복을 선사하는데 깊히 두 손 모아 감사하지 아니할 수 없지요.

우리가 이 봄날들을 가슴에 담으면 이 찬란한 봄도 우리와 함께하지요.

늦은 꽃, 눈에 들지 않아도

초판 1쇄 발행 2024년 11월 20일

지은이 | 한창규
펴낸이 | 최현선

펴낸곳 | 아미고   출판등록 | 2020년 12월 8일 제 2020-000022호
ISBN 979-11-987612-2-4(03810)

· 책값은 뒤표지에 있습니다.
· 파본은 구입하신 서점에서 교환해드립니다.
· 이 책은 저작권법에 의하여 보호를 받는 저작물이므로 무단 전재와 복제를 금합니다.